Bodendecker

Inhalt

Vorwort

Meldungen über Krisen machen täglich die Runde. Stress im Berufsleben, negative Erfahrungen im Privatbereich und krankmachende Belastungen durch die Umwelt sind die häufigsten Ursachen gesundheitlicher Störungen. Wie wichtig ist es da geworden, einen Rückzugsort für die Seele zu haben, einen Platz an dem man durch Selbstbesinnung und Meditation zurückfindet zur inneren Ruhe. An dem man durch die alles erneuernde Kraft der Natur lernt, selber auch wieder neue Kraft zu schöpfen.

Durch Überlieferungen wissen wir, dass es seit Menschengedenken – ja selbst seit Adam und Eva – einen zentralen Punkt in unserer unmittelbaren Umgebung und Erlebnissphäre gibt, der das alles erfüllt: Unser Garten.

Sei es nun der große Garten, der unser Haus umschließt, der kleine Vorgarten oder das Blumenbeet, das unseren Eingang säumt – der Balkon-, Terrassen- oder Zimmergarten, der unsere Wohnung ziert, eines haben sie alle gemein: sie sind der wichtigste Lebensraum, den die Natur für uns bereithält, eine Oase im Alltag, eine eigene ganz private Welt, um durchzuatmen, abzuschalten und mit allen Sinnen zu genießen.

Garten ist der Inbegriff von Lust und Freude – und das bedeutet Glücklichsein. Wer dieses Hobby für sich entdeckt hat und ständig erlebt, welche Freude es bereitet, aufkeimende Saat wachsen zu sehen um am Ende die Früchte seiner Arbeit ernten zu können, hat ihn gefunden, den Weg zum Glücklichsein. Der Ratgeber, den sie hier in Händen halten, ist Teil einer mehrbändigen Reihe einzelner Themen. Er soll ihnen dabei helfen, dieses Glück zu erleben.

Meinem verlegerischen Entschluss, ein solch umfangreiches Kompendium herauszugeben, ging die erklärte Absicht voraus, das sehr weit reichende und umfassende Gebiet der Blumen- und Gartenpraxis in einer Vielzahl von einzelnen Themenbüchern darzubieten. Dem Leser sollte somit die Möglichkeit geboten werden, sich ausschließlich mit den Inhalten befassen zu können, die ihn interessieren und mit denen er sich gezielt auseinandersetzen möchte. Dass dies in einer preiswerten Form möglich sein musste, die gleichzeitig zum Sammeln der Bände motiviert, war für mich eine weitere Maxime.

Ich wünsche ihnen viel Freude an diesem Ratgeber und viel Erfüllung bei der Gartenarbeit,

Ihr

Siegfried Lapawa

Boden-decker

Gehölze und Stauden

für die flächige Pflanzung

Bodendecker – Gehölze und Stauden für die flächige Pflanzung

Pachysandra terminalis | Dickmännchen

Bodendecker sind Pflanzen, die ein dichtes weitverzweigtes Zweigwerk auf der Erdoberfläche ausbreiten. Es gibt ein buntes Sortiment, das sich geschmackvoll im Garten arrangieren lässt.

Bodendecker decken dicht – Felsenmispeln (Cotoneaster), Immergrün (Vinca) oder Dickmännchen (Pachysandra) decken den Boden bald zu, wenn Sie auf einen qm Gartenboden ca. 5–10 Pflanzen setzen. In den ersten 3 Jahren nach dem Pflanzen kommt Unkraut durch; in dieser Zeit ist die Pflanzfläche regelmäßig zu jäten. Später braucht das Bodendeckerbeet wenig Pflege. Im Ziergarten kann die niedrige robuste Pflanzengesellschaft eine Alternative zum Mulchen sein. Denn Bodendecker gedeihen sowohl im Schatten (z. B. Immergrün), genauso wie in sonnigen Lagen (z. B. Cotoneaster). Natürlich können Sie auch ein Sortiment verschiedener Arten zusammenstellen. Zu den Cotoneaster-Arten (es gibt hohe und niedrige) passen z. B. Potentilla, die ebenso dicht wachsen, doch das Beet durch ihre kugelige Form und die gelben Blütchen auflockern. Im Schatten verträgt sich das blaublühende Immergrün mit dem dunkelgrünen Efeu.

Hypericum calycinum | Johanniskraut

Vermehrung

Bodendecker sind von Juni bis September durch Stecklinge vermehrbar. Die Stecklingsvemehrung ist ganz einfach und bringt in kurzer Zeit eine Menge wüchsiger Jungpflanzen. Verwendet wird wie bei jeder Vermehrung nur Schnittmaterial von gesunden, kräftigen Mutterpflanzen. Die Triebe sollten etwa fingerlang sein. Noch nicht ausgereifte Spitzen kappt man, sie würden im Anzuchtgefäß welken. Mutterpflanzen finden Sie in öffentlichen Anlagen, in Nachbargärten oder vielleicht sogar im eigenen Garten. Das Flächengrün erträgt den geringen Substanzverlust bei der Schnittgutgewinnung. Durch den Schnitt bestocken die Pflanzen sogar, sie treiben frische Sprossen aus dem Wurzelstock. Das Stecklingsmaterial wird sofort weiterverarbeitet oder kühl gelagert, um es dann bei Gelegenheit fachgemäß zurechtzuschneiden und zu stecken. Bei guter Wärme und Feuchtigkeit zeigt sich schon nach 3–4 Wochen der erste Austrieb. Im Kleingewächshaus oder „unter Glas" entsteht hohe Luftfeuchte. Die „gespannte Atmosphäre" beschleunigt die Wurzelbildung.

Bei der Vermehrung ist zu bedenken, dass die Fläche schnell verwächst, wenn man viele Pflanzen zu Verfügung hat. Aus 100 Stecklingen wachsen bei optimalen Bedingungen mindestens 50 Pflanzen. Schwache Jungpflanzen sollten den ersten Winter noch geschützt überdauern. Die Topfpflanzen ruhen schadlos unter einem Folientunnel. Sie kommen im nächsten Frühjahr ins Freiland.

Vinca | Immergrün

Bodenvorbereitung

Wichtig ist, den Boden richtig vorzubereiten, sonst haben Sie nur kurze Zeit Freude an der grünen Pflanzendecke. Wurzelunkräuter (Quecke oder Giersch) sind restlos auszuziehen. Der Aufwand lohnt, denn diese Kräuter durchdringen selbst eine dichte Decke aus Efeu oder Cotoneaster; sobald aber die Bodendecker verwachsen sind wird es schwierig, auszugrasen! Aus gut vorbereiteten Beeten sind später nur vereinzelte Kräuter zu entfernen. Das dichte Blattwerk unterdrückt den Wildwuchs recht zuverlässig.

Stellen Sie ein Sortiment zusammen, durch Stecklinge vermehrbar sind: (Auswahl Immergrüne)
Efeu (Hedera helix)
Dickmännchen (Pachysandra)
Immergrün (Vinca)
Felsenmispeln (Cotoneaster)
Spindelstrauch (Evonymus fortunei radicans)
Johanniskraut (Hypericum calycinum)
Geißblatt (Lonicera pileata)
Fünffingerstrauch (Potentilla - niedrige Arten)
Berberitzen (Berberis candidula)
Stechpalme (Ilex crenata „Stokes“)

Ein Tipp: Genauso wie Quecke und Giersch die Bodendecker durchdringen, schieben sich auch Zwiebelpflanzen durch die dichte Efeu-, Immergrün- oder Cotoneasterdecke. Die Wüchsigkeit der Zwiebelpflanzen kommt der Grünfläche besonders im Frühjahr zugute. Obwohl das Laub der immergrünen Bodendecker auch im Winter Farbe zeigt, nimmt ihm der Frost den natürlichen Glanz. Bodendecker putzen sich, das heißt, sie lassen im Frühjahr

Dianthus deltoides | Nelke

Cotoneaster | Felsenmispeln

einen Teil der Blattmasse fallen, um frisches Grün zu treiben. In dieser Zeit können Narzissen oder Tulpenblüten Lichtblicke in der fahlen Fläche sein. Sie sollten im Herbst Tuffs mit jeweils fünf bis zehn Zwiebeln stecken, die im Frühjahr die Decke durchdringen, blühen und wieder in den Boden einziehen.

Pflege

Die aufgelisteten Bodendecker brauchen wenig Pflege. Außer dem Unkrautjäten in den ersten Jahren nach der Pflanzung ist im Frühjahr der Schnitt fällig, falls strenger Frost die Triebe geschädigt hat. Man kann geschädigte Büsche ausputzen und einzelne Triebe mit braunen Blättern wegschneiden oder erfrorene Büsche bis zum Boden zurückschneiden. Sommerblüher, wie das gelbblühende Johanniskraut oder die kleinen Spiräen bringen nach dem radikalen Verjüngungsschnitt schon bis zum Sommer wieder kräftige blühfähige Triebe. Auch Berberitzen oder Felsenmispeln, die nach strengen Frösten bis zum Wurzelstock zurückfrieren, ertragen den scharfen Frühjahrschnitt und stehen schon im Sommer wieder vollbelaubt und dicht im Beet. Die völlig flachwachsenden Arten müssen in der Regeln nicht geschnitten werden, zumal sie bei Frost meist unter einer schützenden Schneedecke liegen. Immergrün, Efeu oder die flachen Cotoneaster- Arten werden nur ausgeputzt, obwohl auch sie den Schnitt vertragen. Nach dem Frühjahrschnitt regt eine maßvolle Düngung die Bodendecker wieder zum Treiben an. Einige robuste Arten (z. B. der aus China stammende Cotoneaster dammeri) sind in vollem Laub sogar begehbar! Die Pflege während der Saison beschränkt auf das Jäten und auf die Bewässerung bei Trockenheit.

Auf den folgenden Seiten finden eine Auswahl von Bodendecker-Portraits.

Hedera helix | Efeu

Erklärung der Symbole

- einjährig
- zweijährig
- mehrjährig
- Zwiebel
- Knolle
- Baum
- Strauch
- Höhe in cm
- Breite in cm
- vollsonnig
- halbschattig
- schattig
- Blütezeit

- winterhart
- giftig
- als Schnittblumen geeignet
- Beere
- stets feucht halten, Erde darf nicht austrocknen
- mäßig feucht halten, Erde darf leicht austrocknen
- ziemlich trocken halten, nur während des Wachstums gießen
- sprühen, jedoch nicht in die Blüte

Arabis | Gänsekresse

5–20 4–6

A. caucasica ist auf der nördlichen Hemisphäre heimisch. Die Pflanze bildet Rosetten aus grauen Blättern, blüht sehr üppig mit lila oder weißen (gefüllten) Blüten, ist immergrün und wächst problemlos an jeder Stelle. *A. caucasica* verwildert in Westeuropa. Mit ihrem graugrün-weißen Blatt und üppiger Blüte breitet sie sich sehr schnell aus, eignet sich deshalb ausgezeichnet zur Randbepflanzung. *A. caucasica 'Plena'* hat gefüllte, weiße Blüten; *'Schneehaube'*, 20 cm hoch, trägt große weiße Blüten; *'Hedi'* hat dunkelrosa Blüten. *A. x arendsii* hat rosa Blüten und etwas gedrungenes Wachstum. *A. procurrens* mit grünem, glattem Blatt und weißen Blüten ist ein ausgezeichneter Bodendecker.

Normale Gartenerde, leicht sandig. Das Entfernen der abgeblühten Blütenstände fördert eine zweite (etwas weniger reichliche) Blüte. Vermehrung durch Aussaat und Teilen.

Aster | Aster 'A. frikartii'

30–100 5–9

Für viele Gartenfreunde wäre ein Garten ohne die leuchtenden, farbenfrohen Astern undenkbar. Der erfahrene Hobby-Gärtner weiß, dass sie einen sonnenreichen Platz und einen kalkhaltigen, gut wasserdurchlässigen Boden brauchen.

Man unterteilt in Frühjahrs-, Sommer- und Herbstastern. Aster *amellus*, Sommeraster genannt, ist eine reichblühende Art, deren Blüten 4 cm Durchmesser erreichen. Bekannteste Sorten: *'Danzig'*, tief violett-blau (50 cm); *'Heinrich Seibert'*, hellrosa (60 cm); *'Lady Hindlip'*, rosa und *'Königsberg'*, lavendelblau. *A. frikartii* (Bild) ist eine sehr ansprechende Kreuzung. *'Wunder von Stäfa'*, die schönste ihrer Artgenossen, hat lila-blaue Blüten mit orangegelber Mitte (80 cm).

A. multiflorus ist eine buschige, kleinblumige Art. Ihre Sorten: *'Delight'*, rosa; *'Erlkönig'*, porzellanblau und *'Golden Spray'*, leichtgelb, wäre eine weite Verbreitung zu wünschen. Wenig bekannt ist auch die *A. sedifolius*, 60–100 cm. *'Nanus'* wird nicht so groß und begnügt sich mit 30 cm, *'Nanus Roseus'* präsentiert sich als eine rosa blühende Sorte. Vermehrung geschieht am einfachsten durch Teilen.

Astilbe | Astilbe

30–150 7–9

Wenn das Blatt der Astilbe sich aufrollt, ist das ein Zeichen dafür, dass der Boden zu trocken ist, denn diese aus Japan stammende Pflanze braucht einen feuchten Boden. Die Blätter sind zweifach dreizählig, haben einen gesägten Rand und weisen in den Sommermonaten einen kupfer- oder bronzefarbenen Schimmer auf. Die Blütenrispen sind breit oder schlank und haben rosa, rote, purpurne, weiße und lila Farbtöne.

A. - Arendsii - Hybride hat lange, wogende Rispen in den Farbtönen Weiß, Rosa und Rot. Die vielen Hybriden werden gerne in Rabatten und am Ufer von Gartenteichen gepflanzt.

'Bressingham Beauty' wird 150 cm hoch und hat rosa Rispen; *'Cattleya'*, 100 cm, rosablühend; *'Fanal'*, 60–100 cm, purpurrot mit braunrotem Blatt; *'Irrlicht'*, weiß, *A. chinensis 'Pumila'* ist die einzige Sorte, die auch trockenere Böden verträgt; dieses Kriechgewächs wird 30 cm hoch und hat rosa Blütenrispen, die von Juli bis September blühen. Braucht feuchten, nährstoffreichen Boden; im April leicht düngen; im Winter abdecken. Verblühte Blüten abschneiden, Vermehrung durch Teilen (Frühjahr).

Aubrieta-Hybriden | Blaukissen

5–20 3–5

Aubrieta und Arabis sehen sich zum Verwechseln ähnlich. Bei genauerem Hinsehen erkennt man jedoch, dass die Aubrieta kleine reingrüne Blätter besitzt, die dreieckig geformt und am Rand schwach gesägt sind. Die Pflanze bildet ein ungemein dichtes Polster, das von der purpurrosa bis blauen Blütenmasse überdeckt wird. Die in unseren Gärten heimischen Blaukissen sind ausnahmslos Hybriden, entstanden aus Kreuzungen. Die Farbskala reicht von rosa, violett, purpur, blau bis zu weißen Blüten. Sehr bekannt und beliebt sind *'Dr. Mules'* (dunkelviolett), 'Purpurteppich' (purpurviolett, kräftiges Wachstum) und *'Tauricola'* (dunkelblau, 5 cm hoch). Die Pflanzen benötigen viel Sonne und kalkhaltigen Boden. Aubrieta kann man gut teilen, am besten direkt nach der Blüte. Es ist zu empfehlen, die jungen Pflanzen erst in Töpfen weiter zu kultivieren.

Bergenia | Bergenie

30–50 4–5

Die Wurzeln der *B. crassifolia* wurden früher als Gerbmittel zur Herstellung von Schuhleder verwendet. Diese Art kommt nur wenig in Kultur vor.

Bergenia ist eine immergrüne Pflanze, die aus der Mongolei, Sibirien und Afghanistan stammt. Sie hat lederartige Blätter, die sich im Herbst und Winter von Rot bis Braun verfärben. Aus der Mitte der Blattrosetten, die aus ungefähr 30 cm großen Blättern besteht, wächst ein dicker, kahler, rötlicher Blütenstängel mit weißen, hell- bis dunkelrosa Blütentrauben. Die beinah runden, glänzenden Blätter sind manchmal auch im Winter schön anzusehen. *B. cordifolia* blüht blasslila bis dunkelrosa; *B. purpurascens* purpurrot; *Bergenia 'Abendglut'* dunkelrot mit dunklem Blatt; *'Morgenröte'* rosa bis violettrot; *'Silberlicht'* weiß.

Unkomplizierte Pflanze; normaler, feuchter Boden; liebt einen geschützten, nicht zu warmen Standort: Vermehrung durch Teilen des Wurzelstocks. Auch Aussaat ist möglich; es dauert aber sehr lange, bis die Pflanze Blüten treibt.

Blechnum | Rippenfarn

15–65

Die Gattung Blechnum umfasst etwa 200 Arten, von denen die meisten in den tropischen und subtropischen Regionen der südlichen Hemisphäre heimisch sind. Einige Arten kommen aber auch in der nördlichen Hemisphäre vor, beispielsweise der kalkmeidende Rippenfarn *(B. spicant)*, der in Mitteleuropa auf sauren Waldböden, etwa in Fichtenwäldern bis zu 2000 m Höhe, zu finden ist, aber auch in Erlenbrüchen und auf einigen Inseln des Wattenmeeres. Bei einigen Arten bilden die Wurzeln mit zunehmendem Alter einen Stamm. Die lederartigen Blätter sind normalerweise gefiedert; die fertilen (fruchtbaren) Wedel, die sich häufig von den sterilen (unfruchtbaren) Wedeln unterscheiden, bringen auf der Unterseite lange, schmale Sori hervor.

Einige Rippenfarn-Sorten eignen sich auch für den Garten oder können längere Zeit in der Wohnung überdauern.

Im Garten angepflanzte Rippenfarne benötigen saure, feuchte, nährstoffarme Erde und oft auch Winterschutz, etwa *B. penna-marina*. Entfernen Sie die verwelkten Wedel erst dann, wenn im Frühjahr die neuen Blätter erscheinen. Trockene Luft wird normalerweise toleriert. Die Vermehrung erfolgt durch Sporen oder Teilung.

Brunnera | Kaukasusvergissmeinnicht

40–60 4–5

Diese aus dem Kaukasus stammende Pflanze hat schon früh (April) blaue, vergissmeinnichtartige Blüten in einzelnen Rispen. Die schönen, herzförmigen, behaarten Blätter an den dünnen, aufsteigenden Blütenstängeln sind stängellos und entwickeln sich, sobald die Hauptblüte vorbei ist, sind aber den ganzen Sommer über schön anzusehen. Die grundständigen Blätter haben einen langen Blattstängel.

B. macrophylla verträgt Halbschatten und gedeiht auch unter Sträuchern. *B. macrophylla 'Variegata'* mit buntem Blatt braucht mehr Licht, damit das Blatt seine schöne Färbung bekommt.

Bevorzugt feuchten, humusreichen Boden; im Winter empfindlich für stehende Nässe. Vermehrung durch Teilen und Aussaat.

Calluna | Besenheide

5–75 6–10

Die Besenheide, *Calluna vulgaris*, wird leicht mit der Gattung Erica verwechselt. Ihre Blütezeit ist Juli–Oktober Die zahlreichen Kulturformen vertragen alle Trockenheit und Wärme. Durchschnittliche Wuchshöhe ca. 40 cm. Heidekraut findet insbesonders im Heidegarten Verwendung. Vor Rhododendrongruppen besonders schöne Wirkung. Von den einzelnen Sorten seien genannt: *'Alba hammondii'*, 75 cm, rein weiße Blüten, hellgrünes Laub, September–Oktober; *'Alportii'*, 70 cm, rot bis violett, August–September; *'C.W. Nix'*, 60 cm, tief violett, braungrünes Laub, August–September; *'Aurea'*, 30 cm, purpurviolett, August–September; *'Cuprea'*, 15 cm, hellviolette Blüten, August–September; *'HE. Beale'*, 50 cm. eine der schönsten, gefüllte rein rosa Blüten, braun-grüne Belaubung, September–Oktober; *'JH. Hamilton'*, 25 cm, lachsrosa, August–September, bronze-grünes Laub; *'County Wicklow'*, 20 cm hoch, gefüllt blühend, rosa, August–September; *'Mullion'*, 10 cm, violettrosa, im August–September, kompakter Wuchs. Für alle Sorten gilt saurer Sand- oder Moorboden, nie Kalk zuführen. Nach der Blüte leichter Rückschnitt. Vermehren durch Stecklinge im August.

Campanula | Glockenblume

10–100 6–8

Campanula medium bezeichnet die großblumige Glockenblume, eine robuste, behaarte Pflanze. Die unteren Blätter gleichen Rosetten, während die großen, glockenförmigen Blüten wie bläulich-violette Trauben erscheinen. Das Farbspiel ist sehr reich. Es gibt blaue, weiße, rosa und sogar gestreifte Sorten. Als 'Tasse und Untertasse' bereichern die gefüllte Form *'Plena'* und die aparte *'Calycanthema'* die Palette der buntkelchigen Glockenblumen. Bei ihnen ist der Kelch schüsselförmig vergrößert und ebenso gefärbt wie die Blumenkrone. Höhe bis zu 70 cm.

C. Pyramidalis präsentiert sich in einer ganz anderen Silhouette. Diese Art wird bis zu 150 cm hoch. An den schlanken Stengeln wachsen hellblaue, oder bei der Art *'Alba'* weiße Flöckchen. Die Pflanze sät sich selbst leicht aus und bildet eine hübsche Schaupflanze mit effektvoller Wirkung. Unterstützen! Aussaat im Mai, Juni–Juli an schattenreicher, feuchter Stelle in sandiger oder lockerer Erde. Pikieren im September und an die richtige Stelle pflanzen. Frostschutz ist notwendig. Blüte beginnt im zweiten Jahr.

Cerastium | Hornkraut

5–25 5–7

Die Cerastium grüßt den Wanderer und Naturfreund an Wegrändern, Böschungen und im Wiesengrund. Einige Arten mit feinen, sternförmigen weißen Blüten eignen sich auch zur Anpflanzung im Garten, geschätzt als niedrig bleibende Bodendecker mit wollig weißem Blatt. Hornkraut ist äußerst genügsam, begnügt sich mit magerem Boden ohne viel Nahrung, nur sollte der Standort sonnig und trocken sein. Das Pflänzchen macht sich gut zwischen Mauern und Steinen. So ist beispielsweise *C. alpinum* sehr geeignet für kleinere Ecken im Garten, kombiniert mit Achillea oder Veronica.

Häufiger noch sehen wir *C. biebersteinii*, eine stark wuchernde Pflanze, die man nur dort verwenden sollte, wo sie sich ungestört ausbreiten kann. Die weißfilzigen Pflanzen bedecken bald große Flächen und bedrängen dabei die schwächeren Arten. *C. tomentosum* ist noch schöner und weiß behaart, wächst etwas kompakter und wuchert weniger.

Cucurbita | Zierkürbis

• | ↕ 20–60 | ○ | ❀ 6–9

In Nord- und Südamerika ist Cucurbita mit etwa 27 Arten vertreten, von denen einige bekannte Gemüse wie den Riesenkürbis und Zucchini liefern.

Charakteristisch für die einjährigen oder ausdauernden, krautigen Kletterpflanzen sind die großen Blätter, die nicht minder eindrucksvollen gelben Einzelblüten, die sich gewöhnlich nur für einen Tag öffnen, und die oft auffällig geformten Früchte.

C. maxima 'Turbaniformis', eine starkwüchsige Einjährige mit runden Stängeln und rankenden Sprossen, treibt beinahe runde, leicht gesägte Blätter und große gelbe Blüten, deren zugespitzte Petalen leicht zurückgebogen sind. Die ungenießbaren, orangefarbenen Früchte zeigen oben eine Verdickung in gleicher Farbe.

C. pepo, der einjährige Gartenkürbis, wächst buschig. Er hat kantige, dornige Sprosse mit langen Ranken und breiten, dreieckigen, tiefgelappten Blättern. Aus den gelben, trichterförmigen Blüten gehen Früchte hervor, deren vielfältige Formen an Apfel, Birnen, Orangen, Zapfen oder Flaschen erinnern. Sie besitzen eine lederige, warzige oder runzlige Schale in verschiedenen Farben und können für Gestecke getrocknet werden.

Dianthus deltoides | Nelke

5–25 6–9

Zu den Standardpflanzen im Garten gehört die häufig in ganzen Kulturen (für den Blumenhandel) gezüchtete Nelke. Leider fehlt diesen Blumen jedoch der natürliche Liebreiz der feinen Blüte und der typische Kräuterduft, den die wildwachsenden Nelkenarten verströmen. Je nach Art verlangen die einen Nelkengewächse einen trockenen, sonnigen Standplatz, andere wieder einen hellen, schattigen Platz zwischen Gras oder lichten Gehölzen. Die meisten Arten sind ausgesprochen kalkliebend. Eine Ausnahme bildet *Dianthus deltoides* (Bild). Sie liebt sauren Boden und ist gut für Steingärten geeignet, wenn man auch dort für einen humusreichen, lehmartigen Boden sorgt. *D. deltoides*, die Heidenelke, ist eine kräftig wachsende Polsterstaude, deren zahlreiche karminrote Blüten sich wie Diamanten vom dunkelgrünen Blatt abheben. *'Albus'* ist eine weiße Sorte, *'Brillant'*, purpurrot, diese am besten mit Aubrieta und Achlllea zusammen pflanzen.

Dianthus plumarius | Federnelke

10–30 ○ ◐ 6–7

Eine rechte Augenweide (und nebenbei auch ein balsamischer Wohlgeruch für die Nase) ist die *Dianthus gratianopolitanus* (auch *D. caesius*) Sie formt sich zu dichten Polstern mit grünen bis blaugrünen Blättern aus. zur Blütezeit gekrönt von den einzelstehenden, duftenden Blüten. Hier die empfehlenswertesten Gartensorten: *'Fanal'*, rot, Blätter grün; *'Blaureif'*, zartrosa, Blätter stahlblau, formt besonders dichte Polster. Alle diese Sorten gleichen sehr stark der *D. plumarius*, obwohl diese Federnelke lockere Soden und breitere Blätter bildet. Auch ihre Blüten sind größer und haben oft ein dunkler gefärbtes Herz. Es gibt sowohl einzel- wie auch doppelblütige Arten, z. B. *'Delicata'* (gefüllt, zartrosa), *'Diamant'* (gefüllt, weiß), *'Heidi'* (gefüllt, dunkelrot). Besonders schön ist die Prachtnelke *D. superbus* (30–60 cm).

Nelken verlangen einen trockenen, sonnigen Standort. Eine Ausnahme macht die Prachtnelke, die eine feuchte Stelle, z. B. am Rande eines Teiches zwischen Primula. liebt. Vermehrung der Nelken durch Aussaat oder Teilung.

Dicentra | Tränendes Herz

○ ↕ 25–80 ◐ ✿ 4–8

Diese in Nordamerika und Ostasien heimische Pflanze wird auch Frauenherz, Blutendes Herz oder Mariatränen genannt. Namen, die auf die Blüten vor allem der D. spectabilis verweisen: Die beiden äußeren, rosa Kronblätter bilden eine Art Herz; die beiden inneren, weißen hängen wie eine Träne daraus herab.

D. formosa bildet niedrige, dichte Büschel mit weichem, farnartigem, hellgrünem Blatt, 20–30 cm hoch, blüht von Juni bis Oktober mit hängenden, rosaroten bis blassroten Trauben; gute Rabattenpflanze; *'Alba'* hat weiße Blüten; *'Luxuriant'* purpurrote. *D. spectabilis* ist 60 bis 80 cm hoch, blüht von April bis Mai, hat blaugrüne, an der Unterseite gräuliche, doppelt dreizählige Blätter, lange zierlich hängende Blütenstängel mit rosa bis rosaroten Blüten mit weißem Herzen; gute Schnittblume, Rabattenpflanze, vor Strächergruppen und in Blumenkästen. Die Pflanze zieht ziemlich früh ein, so dass eine leere Stelle in der Rabatte entsteht. Sie braucht normale, humusreiche Gartenerde, einen geschützten Standort und sollte so selten wie möglich umgepflanzt werden. Vermehrung durch Teilung oder Stecklinge.

Anziehungspunkt für Bienen.

Doronicum | Gemswurz

○ ↕ 30–100 ○ ◐ ● ❁ 4–5 ✻

Doronicum ist in Europa, Nordafrika und Asien heimisch und wird wegen seiner schönen, zeitig im Frühjahr blühenden, margaritenartigen, gelben Blüten auch Frühlingssonnenblume genannt.

Die wenig verzweigten oder unverzweigten Stängel haben unten ungeteilte, gezähnte Blätter auf langen Blattstielen, außerdem vereinzelt stehendes Blatt auf kleinen Stielen, das mehr oder weniger behaart ist; die einzelnen oder in kleinen Gruppen stehenden Blütenköpfe erscheinen am Ende langer Blütenstängel.

D. orientale, 30–70 cm, leicht behaart, hat herzförmige, grobgezähnte Blätter und alleinstehende, gelbe, ca. 5 cm große Blütenköpfe; gute Schnittblume. *D. orientale 'Frühlingspracht'*, 50–60 cm, reichblühend, mit gefüllten, tiefgelben Blüten.

Leicht zu ziehende Pflanze, die in feuchter, humoser Gartenerde wächst; vor starker Sonne und Wind schützen, eventuell mit Staudenhalter versehen; verblühte Blüten entfernen. Für den Schnitt muss die Blüte halb offen sein. Vermehrung durch Teilen nach der Blüte.

Erica | Heide

15–50 11–9

Ausgesprochenen Seltenheitswert hat die *Erica cinerea*, eine schöne, im Sommer blühende Heideart. Sie kommt im Freien bei uns nur im äußersten Westen Deutschlands bei Bonn vor. In dieser Form ist die Graue Heide (wie sie heißt) nicht besonders winterfest. Mit einigen Kulturformen ist es glücklicherweise besser. Die Blüten sitzen schirmförmig in Gruppen von 1–4 zusammen. Meistens formen mehrere Schirme eine beinahe zylinderförmige Ähre. Blütezeit ist Juli bis September. Gut winterfest sind u. a. *'Alba Minor'*, weiße Blüten, 18 cm hoch; *'Cevennes'*, lavendelrosa in steifen Ähren, Spätblüher, 25 cm; *'CD. Eason'*, klare magentarote Blüten, 35 cm hoch; *'Pallas'*, rein purpurne Blütenfarbe, Höhe 35 cm; *'Rosea'*, hell karminrosa, 25 cm. Die Namen dieser Sorten gehen ziemlich durcheinander. Man achte darauf, auch die richtige zu bekommen. *E. X darleyensis* wurde gekreuzt aus *E. camea* und der bei uns nicht winterfesten *E. mediterranea*. Daraus resultierte die hochwachsende (40–50 cm) Hybride, die in Deutschland nicht frostfest ist. *'Silberschmelze'* ist bestimmt die schönste, sie blüht im November bis Mai.

Euphorbia | Wolfsmilch

○ ↕ 15–100 ○ ◐ ❀ 5–7 ✳ !

Euphorbia ist eine weltweit vorkommende Gattung, zu der sowohl einjährige als auch ausdauernde Pflanzen, Fettpflanzen, Kakteen, Stauden und Bäume gehören. Alle haben einen giftigen Milchsaft. Die hier genannten Sorten eignen sich für Rabatten. Die kleinen, unansehnlichen Blüten sind von leuchtendbunten, kronblattartigen Hüllblättern umgeben, die den Zierwert der Pflanze ausmachen. *E. characias*, über 100 cm hoch, mit länglichovalen, graugrünen Blättern, die spiralförmig um die runden, dicken Stängel angeordnet sind, hat eine dichte, grüngelbe Blüte an jedem Trieb. *E. griffithii,* 80 cm, hat dünne, feste, etwas bronzefarbene Stängel mit schmalen, länglichen und zugespitzten Blättern und rote bis gelbrote Blüte; *'Fire Glow'*, grellorange bis feuerrot, mit Blättern, die sich im Herbst gelb und rot färben; Schnittblume. E. polychroma, 30–40 cm, goldgelbe Blüten im Mai und Juni, wächst auch auf Mauern; Schnittblume.

Braucht normale, gut durchlässige Gartenerde und genügend Feuchtigkeit. *E. characias* vor Wind schützen. Für Schnittblumen ein Stück des Stängels abschneiden und das Auslaufen des Saftes stoppen, indem man den Stängel einige Sekunden in kochendes Wasser taucht. Vermehrung durch Teilen und Säen. Anziehungspunkt für nektarliebende Insekten.

Festuca | Schwingel

○ | ↕ 20–30 | ○ | ❀ 5–6 | 🪣

Zur Gattung Festuca gehören ca. 80 unserer Rasengrasarten, z. B. *F. rubra*, auch Rot-Schwingel genannt. Diese Art wird in den so genannten englischen oder klassischen Rasenmischungen verwendet. Durch seine feinen, beinahe fadenartigen Blätter lässt er sich ausgezeichnet mähen. Wenn man den Grassamen ungestört wachsen lässt, bilden sich schon bald große Büschel, die Samen auswerfen und eine dichte Rasendecke entstehen lassen. Die schönsten Arten sind die wintergrünen Gräser zur Auflockerung und Bodendecke größerer Pflanzungen. *F. glauca*, geläufiger unter dem deutschen Namen Blauschwingel, ist besonders beliebt durch seine schöne blaue Farbe. Wuchshöhe ca. 20 cm. Es wird oft in Beeten in Verbindung mit Rosen oder als Einzelgras in Steingärten verwendet. In Deutschland sieht man neuerdings auch F. ametystina (Regenbogenschwingel), eine noch feinere Art, bläulich-grün schimmernd und 30 cm hoch.

Festuca wächst auf beinahe jedem Boden. Leichte Vermehrung durch Teilung und aus Samen.

Fragaria | Erdbeere

10–20 5–6

Der Name Fragaria kommt vom lateinischen Wort »fragrum« (wohlriechend); Fragaria ist eine angenehm duftende Fruchtpflanze, die in Europa, Asien, Amerika und auf Hawaii zu Hause ist. Die gewölbten Blütenböden bilden Scheinfrüchte (die Kerne sind die eigentlichen Früchte), die Blüten besitzen unzählige Staubgefäße und Griffel, die von fünf breiten, weißen Kronblättern umringt sind.

F. vesca hat Stängel mit fast gleichlangen, dreizähligen, ovalen, gezähnten Blättern. Die Blütenstängel mit weißen Blüten wachsen im Mai, Juni über das Blatt hinaus; manchmal gibt es eine späte Blüte im Oktober. Die kleinen, runden bis kegelförmigen, hellroten Früchte haben einen feinen, süßsauren Geschmack. Durch lange, oberirdisch wachsende Ausläufer entstehen neue Pflänzchen. Ausgezeichnet für die Verwilderung und als Bodendecker geeignet; braucht humosen Boden. Vermehrung geschieht von selbst über die Ausläufer; Teilung ist auch möglich. Vögel wissen die Erdbeeren zu schätzen. Fragaria vesca, Walderdbeere.

Geranium | Storchschnabel

15–70 5–8

Der Name Storchschnabel bezieht sich auf die schnabelartig wachsenden Früchte. Dieses überall auf der Welt vorkommende, aber vor allem in den kühleren Gebieten der nördlichen Hemisphäre heimische Geranium hat runde Blüten mit gleichen Kronblättern. Sie kommt in verschiedenen Arten vor, von denen sich einige für Rabatten, Steingarten und kleinere Gärten eignen.

G. x cantabrigiense, 30 cm, Juni–Juli, aromatisch, Bodendecker, liegende Stängel mit hellgrünen, runden, unbehaarten, mehrteiligen, gelappten Blättern und fünf bis zehn hellllilarosa Blüten an jedem Stängel; *'Biokovo'*, 15–20 cm, hellrosa-weiß, rosarote Staubgefäße und Griffel; in größeren Gruppen, stecken oder teilen. G. endressi, 25–50 cm, Juni–August, liegende bis aufrechte, leichtbehaarte Stängel mit behaartem, fiederschnittigem, stark gezähnten Blatt und hellrosa, dunkelgeäderten Blüten, die paarweise angeordnet sind; Nachblüte im September; wuchert manchmal; Vermehrung durch Säen oder Teilen. G. macrorrhizum, 30–50 cm, Mai–Juli, aromatische, teppichbildende Pflanze mit behaarten, aufrechten Stängeln und runden, mehrteiligen, grobgezähnten Blättern und rosa, weiß-geäderten, in Dolden angeordneten Blüten mit rotbraunen, aufgeblasenen Kelchen; gedeiht in voller Sonne in trockener Erde; Vermehrung durch Stecken, Teilen und Säen. *G. platypetalum*, 40–70 cm, Juni bis August; wollig behaartes, mehrmals fiederschnittiges, wellenrandiges Blatt und große, schöne, bläuliche Blüten, die paarweise angeordnet sind; der Boden sollte nicht zu nährstoffreich sein; Vermehrung durch Teilen und Säen. *G. psilostemon*, 60 cm, Juni–Juli, tiefteilige, fiederschnittige, scharfgezähnte Blätter und schöne, große, dunkelrote Blüten, schwarzgeädert und mit schwarzem Herzen; gedeiht auf gut durchlässigem Boden; die Pflanze braucht Stütze; Vermehrung durch Teilen und Säen. *G. sanguineum*, 15–25 cm, Juli–August, starke, behaarte, verzweigte, leicht aufsteigende Stängel mit glänzend dunkelgrünen, geteilten Blättern, reichblühend, große, blutrote Blüten; unempfindlich gegen Trockenheit; Vermehrung durch Teilen und Säen.

Liebt im allgemeinen nährstoffreiche Böden und leichten Schatten; höhere Arten brauchen eine Stützvorrichtung.

Geum | Nelkenwurz

5–60 6–7

Helle, anemonenartige Blüten und lange Stiele sind das 'Wahrzeichen' dieser recht bekannten Staude. Darf nicht zu trocken stehen, weil sie dann schlecht blüht. Auch nach der Blüte bietet die Geum einen erfreulichen Anblick. Die Blüten eignen sich als Schnittblumen. Stiele kurz in kochendes Wasser tauchen, damit der Saft erstarrt. Anschließend an dieser Stelle den Stiel durchschneiden. *G. chiloense, 'Mrs. Bradshaw'*, 40 cm, treibt im Juni–August zuverlässig reizvolle dunkelrote Blüten. Eine sehr schöne, hellgelbe alpine Art kennt der Blumenfreund unter dem Namen *G. montanum.* Hellgelb, nur 10 cm hoch.

Unter den Geum-Hybriden (Bild) trifft man Kreuzungen mit besonderem Flair, so die sehr bekannte *'Borisii'*, orange-rot, 30 cm; die *'Bulgaricum'*, hell orange-gelb bis gelb; die *'Dolly North'*, reichblühend, orange-rot, 40 cm; *'Goldball'*, gelb, halbgefüllt, 40 cm; *'Princeß Juliana'*, leuchtend orange-gelb, 50 cm; *'Rubin'*, karminrot, halb gefüllt.

Hedera | Efeu

10–500 9–10

Efeu ist ein Weltrekordler unter den heimischen Kletterpflanzen. Die Wuchskraft ist so groß, dass die Pflanze mitunter sogar lästig werden kann. Auf dem Bild der normale grüne Efeu, *H. helix*. Seine Vorteile sollen nicht unterschlagen werden. Er liebt Schatten und ist einer der wenigen immergrünen Kletterpflanzen, die rasch wachsen und sich mit ihren Haftwurzeln überall fest anklammern. Efeu wächst sogar unter Dachziegeln und kriecht, wenn man ihn frei gewähren lässt, an den Fenstersimsen in die Räume hinein. Es gilt also, ihn in Schach zu halten. Wenn man andere Blattformen liebt, kann man unter verschiedenen Variationen wählen: *'Hibernica'*, der Isländische Efeu, bildet viel größere, glänzende Blätter bis zu 10 cm, mit dunkelroten Triebspitzen, weniger gelappt. *'Poetica'* ist eine Sorte mit kleinen Blättern, das Laub hat 5–9 Lappen. *'Sagittaefolia'* bildet auch kleine Blätter, jedoch pfeilförmig. Auch weiß- und gelbgefleckte Varietäten der H. helix kommen vor.

Eine sehr auffallende Art Efeu ist die aus Westasien importierte *H. colchica*. Dieses ebenfalls wintergrüne Gehölz ist nichtkletternd. Die Blätter der jüngeren Sprösslinge sind dreieckig, mit abgerundeter oder etwas herzförmiger Basis. Diese sieht man hauptsächlich auf dem Bild. Das Blatt der älteren Blütenzweige ist länglich eirund mit keilförmigem Fuß. Bekannt sind hier die bunten Formen. *'Dentato-Variegata'* hat sehr große Blätter mit weißem Rand. *'Sulphur Heart'* bildet meist noch größere dunkelgrüne Blätter mit gelblichem Zentrum. Wenn der Farbton des Giebels auf die Efeufarben abgestimmt ist, erreicht man mit den beiden Variationen besonders viel Effekt. *H. colchica* ist längst nicht so starkwüchsig wie *H. helix* und sollte daher im Schatten eher an West- oder Südmauern angepflanzt werden. Er wächst jedoch eher strauchartig. Man gräbt ein tiefes Pflanzloch und füllt es mit guter Erde, Torfmull, verrottetem Mist usw. Bei trockenem Wetter viel gießen, wenn es trocken ist auch im Winter. Vermehrung durch Stecklinge.

Hemerocallis | Taglilie

30–100 5–8

Besonders schöne Dauerstaude, die der Lilie ähnelt und auch zur gleichen Familie gehört. Jede Blüte lebt nur einen Tag, aber wegen ihrer großen Blütenzahl erscheint die Pflanze doch reichblühend. Sehr anspruchslos, gedeiht an jeder Stelle in voller Sonne oder im Schatten, wenn nur der Boden nicht zu trocken ist. Es sind jetzt viele schöne Neuzüchtungen, hauptsächlich aus den USA, auf dem Markt. Die Hemerocallis-Hybriden, 60–80 cm, blühen von Mai bis August. *'Chrimson Glory'* ist rot und reichblühend, 100 cm; *'Black Prince'*, dunkelrot mit gelber Mitte, 100 cm; *'Pink Damask'*, rosa, 90 cm; *'Friar Tuck'*, goldgelb, braun überpudert, 100 cm; *'Golden Scepter'*, goldgelb, sehr apart, 100 cm. *H. middendorfii*, 30–50 cm, blüht im Mai bis Juni mit orangegelben Blüten. H. citrina, 70–100 cm, zitronengelb, reichblühend im Juli bis August, die Blütentrichter sind schmal und duften angenehm. Vermehren durch Teilung im Herbst. Junge Pflanzen blühen erst dann reichlich, wenn sie 4 – 5 Jahre an gleicher Stelle gestanden haben.

Heuchera | Purpurglöckchen

20–70 5–8

Die einzige Erklärung für die Tatsache, dass diese dankbare Staude bei uns nur relativ selten zu sehen ist, ist die: sie ist einfach zu wenig bekannt. Sie bleibt den Winter hindurch schön grün, zeigt kleine, niedrige Büsche, aus denen im Sommer (Juli–August) die eleganten Rispen herauswachsen. Ihre zierlichen Blütenglöckchen sind teils rot, rosa und weiß.

Idealer Standort: leicht schattige Lage unter Gehölzen oder am Rand von Gehölzpflanzungen. Die bekanntesten sind die Hybriden, z.B. *'Gracillima'*, hell rosa, 30 cm; *'Feuerregen'*, feuerrot, 40 cm; *'Rakete'*, zinnoberrot, 70 cm; *'Red Spangles'*, früh, leuchtend Scharlach, 60 cm; *'Scintillation'*, karminrosa, 60 cm. Durchweg rote Blüten in feinen Unterschieden.

Eine sehr schöne Staude ist die verwandte *X Heucherella*, eine Kreuzung zwischen Heuchera und Tiarella, die es seit 1912 gibt. Die schönste ist *'Bridget Bloom'*, rosa Blüten, 20–30 cm. Vermehren durch Teilung, Heucherella auch durch Ableger.

Hosta | Funkie

30–60 7–8

Die in Japan wild wachsende Hosta kommt in vielen Arten und Sorten vor. Sowohl Blüte als Blatt haben Zierwert.

Aus einem festen Wurzelstock werden Rosetten gestielter, breiter, ungeteilter, grüner oder bunter, genervter Blätter gebildet und kommen Blütenstängel mit hängenden, trichterförmigen Blütentrauben zum Vorschein.

H. fortunei, 60 cm, grün, lanzettlich eiförmiges Blatt und hellviolette Blüten; *'Aureomaculata'* hat gelbliche bis gelbweiße, dunkelgrün geränderte, junge Blätter, die sich später gleichmäßig dunkelgrün färben. *H. lancifolia*, 30 cm, lanzettliche, gespitzte, grüne Blätter und Blütenstängel mit ungefähr zwanzig, in regelmäßigem Abstand voneinander stehenden, violettfarbenen, glockenförmigen, leicht hängenden Blüten. *H. plantaginea*, 75 cm, herzförmige, glänzend-gelbgrüne, schön genervte Blätter und dichte Trauben aus großen, weißen, lilienartigen, wohlriechenden Blüten. *H. sieboldiana*, 60 cm, ei- bis herzförmige, bläulich-grüne, schön genervte Blätter und weiße Blütentrauben; *'Elegans'* hat gewelltes, blau bereiftes Blatt. Leicht zu ziehende Pflanze, Bodendecker; liebt feuchten, nährstoffreichen Boden, etwas Lauberde oder Rindenhumus; die buntblättrige Hosta bevorzugt Halbschatten; die Pflanze alle vier, fünf Jahre herausnehmen und die verjüngten Teile in gut umgegrabene, gedüngte Erde pflanzen.

Vermehrung durch Teilen (Frühjahr/Herbst) und Aussaat (Frühjahr).

Anziehungspunkt für Schnecken; die von Schnecken verursachten Löcher wachsen mit den Blättern mit, so dass diese ihren Zierwert verlieren.

Hypericum | Johanniskraut

○ | ↕ 20–40 | ○ | ◐ | ● | ❀ 6–9

Eine echte Gartenschönheit braucht durchaus nicht hoch aufzuragen. Ein Beweis dafür ist das Johanniskraut, niedrige Sträucher und Stauden mit großen gelben Schalenblüten, aus denen zahlreiche Staubgefäße hoch zum Licht drängen. Niedrig bleiben die nachgenannten Arten: *Hypericum calycinum*, 20–40 cm hoher Strauch, bildet Ausläufer und hat große, goldgelbe Blüten. Die Pflanzen sind Wintergrün und ertragen große Trockenheit. Besonders niedrig bleibt *H. polyphyllum* mit kleinen glänzenden Blättern. Sie blüht sehr reich, desgleichen *H. Orientalis* mit aufrechten Stielen und kleinen, gelben Blüten.

H. olympicum hat auch aufrechte Zweige (40 cm) und glänzend grüne Blätter mit durchsichtigen Punkten und goldgelben Blüten in Trugdolden.

Die Pflanzen gedeihen in jeder normalen, nicht zu schweren Gartenerde, sowohl in der Sonne als auch an schattiger Stelle. In strengen Wintern ist Schutz notwendig. Erfrorene Pflanzenteile gut zurückschneiden. Fast immer treiben die Pflanzen dann gut durch. Vermehrung durch Aussaat oder Stecklinge (Sommer) oder durch Teilen.

Iberis | Schleifenblume

20–30 5–6

Dass Iberis von der Iberischen Halbinsel stammt, wird niemanden wundern; außer in Spanien und Portugal ist die Pflanze aber auch in Nordafrika und Westasien heimisch und kommt sowohl als Einjährige wie als Staude vor.

Die immergrüne *I. sempervirens* ist ein kompakt wachsender Halbstrauch mit länglichen bis lanzettlichen oder spatelförmigen, flachen und ganzrandigen Blättern und doldenartigen Sträußen weißer Blüten. Während der Blüte werden die Sträuße länger. *'Findel'*, 20 cm, weiß, großblühend; *'Schneeflocke'*, weiß, reichblühend. Es gibt auch rosa oder purpurblühende Sorten.

Die Pflanze liebt kalkreichen, durchfeuchteten Boden, nicht zu nass, geschützte Lage; vor Frost schützen, indem man sie mit Fichtenreisig oder Stroh abdeckt; nach der Blüte stutzen, um dichtes Wachstum zu fördern und Kahlwerden zu verhindern.
Vermehrung durch Sommerstecklinge, Teilen und Aussaat.

Lavandula | Lavendel

30–50 5–7

Der hocharomatische Lavendel gehörte zum 'eisernen Bestand' in Omas Wäscheschrank. Getrocknet und in kleinen Säckchen aufbewahrt, sollte der Duft die Motten fernhalten. Diese Pflanze, besser gesagt, dieser Halbstrauch, mag einen ziemlich trockenen Standort in kalkreichem, lehmigem Boden. Bei strengem Frost kann der Lavendel stark zurückfrieren. Winterschutz mit Tannenzweigen oder Stroh ist angebracht. Falls die Pflanze nach einigen Jahren unten kahl zu werden droht, sollte man sie jedes Jahr unmittelbar nach der Blüte zurückschneiden. In Verbindung mit Rosen gepflanzt von besonders schöner Wirkung, auch als Einfassung gut verwendbar.

Lavandula angustifolia ist der botanisch richtige Name. Es gibt verschiedene Sorten wie: *'Alba'*, mit weißen Blüten; *'Hidcote Blue'*, tief violettblaue Blüten und niedriger Wuchs von 30 cm Höhe; *'Munstead'*, blau, 40 cm hoch und früh blühend; *'Hidcote Giant'*, violett, stark wachsend, bis 50 cm hoch. Vermehrung durch Teilen oder Stecklinge im April–Mai.

Lobularia | Duftsteinrich

• | ↕ 5–25 | ○ | ✿ 6–9 |

Im Handel heißt diese Pflanze hartnäckig immer noch Alyssum, obwohl ihr botanischer Name bereits vor 40 Jahren geändert wurde. Alyssum ist bekannt als eine gelbblühende Staude, die in den Steingärten und an Mauern verwendet wird. Bei unserer Lobularia hingegen handelt es sich um eine einjährige Pflanze mit weißen oder violettblauen Farbtönen. Ein großer Unterschied! Der botanisch richtige Name ist Lobularia maritima. Der ursprüngliche Typ ist nicht in Kultur, umso mehr jedoch die Kulturformen wie z. B. *'Schneeteppich'*, weiß, mit kompaktem Wachstum; *'Königsteppich'*, leuchtend violett; *'Little Dorrit'*, niedrige ballförmige Kissen; *'Violet Queen'*, dunkel, lila; *'Rosie O'Day'*, lilarosa; *'Schneedecke'*, weiß, sehr niedrig, 6–8 cm hoch, bodenbedeckend und am meisten verkauft. Lobularia ist besonders geeignet für den Steingarten. Auch als Randeinfassung eines einjährigen Blumenbeetes ist die Pflanze ausgezeichnet. Im April direkt an Ort und Stelle aussäen. Später wird dann auf 10–15 cm ausgedünnt. Der Boden soll nicht zu mager sein, und es wäre von Vorteil, wenn er durchlässig ist und Kalk enthält.

Lysimachia | Felberich

5–90 6–9

Lysimachia ist in Europa, Nordamerika und Ostasien heimisch und kommt in vielen verschiedenen Formen vor. Der Wurzelstock bildet kriechende Ausläufer, die viel Platz in Anspruch nehmen.

L. clethroides, 60–90 cm, Juli–September, blaugrün, leicht behaart, länglich-eiförmiges, kurzstieliges Blatt und weiße, dicht zusammenstehende Blüten in langen, zierlichen, locker hängenden Ähren; gute Schnittblume. *L. nummularia*, Pfennigkraut, 5 cm, Mai–Juli, schnellwachsender Bodendecker, liebt feuchten Standort; lichtgrüne, fast runde, ganzrandige, kurzstielige Blätter, einzelnstehende, goldgelbe Blüten, blattachselständig. *L. punctata*, 30–60 cm, Juni–August, dichtbeblätterte, aufrechte, leicht behaarte Stängel, eiförmig-lanzettliche, fast stiellose, quirlständige Blätter und goldgelbe Trauben, sternförmige Blüten, blattachselständig, gute Schnittblume.

Wuchernde Pflanze auf feuchten, humosen Böden; junge Triebe und Teile des Wurzelstocks entfernen, um das Wachstum im Zaum zu halten. Für den Schnitt müssen die ersten Blüten offen sein. Vermehrung durch Aussaat, Teilen und Stecken.

Anziehungspunkt für Bienen.

Myosotis | Vergissmeinnicht

20–50 4–6

Das herzige Vergissmeinnicht mit seinem reinen Blau kommt in verschiedenen Gruppen vor. Die Myosotis-Hybriden, wie sie meist genannt werden, sind niedrig und bringen sehr große Blüten. Für die Topfkultur eignen sich besonders gut *'Annemarie Fischer'*, *'Isolde Krotz'* und *'Marga Sacher'* usw. Die *M. alpestris* (Syn. M. sylvatica, Bild) ist die beste Art, die wir für den Garten kaufen können. Auch hier gibt es kompakte, niedrige Formen, die nicht über 20 cm hoch werden, wie z. B. *'Indigo compacta'*, *'Blauzwerg'*, *'Blaue Kugel'* usw. Nicht alle Sorten wachsen blau, auch weiß und rosa kommt vor. Die etwas höheren Formen eignen sich auch für die Verwendung als Schnittblume, wie *'Blauer Strauß'*, *'Luzi Blaues Wunder'* usw. Weil Myosotis so früh blüht, kann man es schön mit Zwiebelgewächsen kombinieren. Vor allem mit roten und gelben Tulpen gelingt das sehr gut. Die Kultur ist zweijährig. Aussaat im Juni, in ein schattiges feuchtes Frühbeet. Einmal pikieren und im September auspflanzen mit einem Abstand von 15–25 cm. Mit Schilf, Tannenzweigen oder Stroh gegen den Frost schützen. In Töpfen im kalten Kasten ist die Überwinterung sicherer.

Nepeta | Katzenminze

○ | ↕ 30–100 | ○ | ❀ 6–8

Die duftende Nepeta ist in den gemäßigten und subtropischen Zonen Europas, Asiens und Nordafrikas heimisch. Sie zieht nicht nur Insekten an, sondern, wie schon der Name sagt, auch Katzen, die sich gerne an dieser Pflanze reiben. Sie hat graue, behaarte Stängel, kreuzweise angeordnete, gekerbte oder gezähnte Blätter und ährenförmige Blüten aus übereinander und in Kränzen wachsenden, bleichrosa, lila- bis dunkelblauen Blüten.

N. x faassenii, 30–50 cm, behaarte, verzweigte Stängel, graugrüne, kleine, gekerbte Blätter, schöne, lilablaue Blütenstände; *'Blauknirps'*, blauviolette Blüten; *'Six Hills Giant'*, 40–60 cm, kräftig, leuchtend lila; *'Snowflake'*, weißblau; *'Little Tich'*, rosa-lilablau. *N. govaniana*, 60–80 cm, dünne, verzweigte Stängel, hellgrün, nach Zitronen duftendes Blatt, weißgelbe Blüten. *N. sibirica*, 100 cm, Wucherpflanze, lanzettliches Blatt, lavendelblaue Blüten.

Gut durchlässige, normale, etwas trockene Gartenerde, leichte Winterbedeckung, eventuell von umgebenden Pflanzen stützen lassen. *N. govaniana* liebt einen etwas feuchteren Boden; *N. sibirica* regelmäßig abstechen, damit sie nicht wuchert. Die Stängel nach der Blüte für eine zweite Blüte zurückschneiden. Vermehren durch Aussaat, Kopfstecklinge und Teilen. Anziehungspunkt für Bienen und Schmetterlinge.

Onoclea | Perlfarn

30–60

Die Gattung Onoclea ist in Nordamerika und im Norden Ostasiens heimisch. Sie verdankt ihren Namen der großen Zahl von kleinen, braunen, kugeligen Sporangien, die an Perlen erinnern. Die sterilen Wedel unterscheiden sich deutlich von den fertilen. O. sensibilis, die einzige Art der Gattung, kommt ausschließlich in feuchten oder sumpfigen Gebieten vor.

Der Perlfarn breitet sich schnell aus, so dass er als Bodendecker in einem großen Garten dienen kann; ein anderer guter Standort ist eine schattige Stelle in der Nähe eines Teiches. Er benötigt feuchten, leicht sauren, humusreichen Boden, z. B. eine Mischung aus Lehm, Lauberde oder Torf und scharfem Sand. Wenn es feucht genug ist, kann der Farn auch in der Sonne wachsen. Die Vermehrung erfolgt durch Teilung.

O. sensibilis hat kriechende, unterirdisch wachsende Rhizome, mit deren Hilfe er sich schnell ausbreiten kann. Im Frühjahr erscheinen die rötlichen, sterilen Wedel, die sehr anfällig gegen Nachtfröste sind. Sie wachsen zu großen, dreieckigen, langgestielten, hellgrünen Blättern mit breiten, eingeschnittenen oder gezähnten Fiedern heran. Im Herbst verfärben sie sich zunächst gelb und dann braun, bevor sie schließlich abgeworfen werden. Die kleineren und schmaleren, aufrecht stehenden fertilen Wedel bilden sich im Sommer. Sie erinnern mit ihren zahlreichen, braunen Sporangien an eine Feder. Und da sie im Winter nicht verwelken, eignen sie sich gut für Trockensträuße. Die Sporangien platzen im folgenden Frühjahr auf und entlassen die Sporen.

Origanum | Dost

○ | 15–60 | ○ | 6–9 | ✻

Der Name Origanum ist aus den griechischen Wörtern »oros« (Berg) und »ganos« (Freude) zusammengesetzt; die Pflanze kommt vor allem im Mittelmeergebiet vor und wächst dort häufig auf Hügeln und Berghängen; sie wird auf vielerlei Arten als Küchenwürze und als Heilkraut verwendet. Pflanze mit buschig verzweigten Stängeln, kreuzgegenständigen Blättern und vielen kleinen Blüten in Weiß, Rosa und Lila.

O. laevigatum, 40 cm, August–September, dünner, verzweigter Wuchs, schlanke, lilaviolette Blütenrispen; *'Album'*, weißblühend; *'Herrenhausen'*, steiferer Wuchs, feste Stängel, dunkelgrünes Blatt, kompakte lila Blütenrispen; *O. vulgare*, 30–60 cm, buschig verzweigt, Juli–September, behaarte, grüne, leicht gekerbte Blätter, dichte Rispen aus kleinen, rosa oder auch weißen Blüten; *'Aureum'*, 15 cm, goldgelbe Blättchen und kleine, hell-lila Blüten; *'Compactum'*, 15 cm, Bodendecker, klein, dunkelgrünes Blatt, lilarosa Blüten; *'Thumble's Variety'*, 30 cm, Juli–August, goldgelbes bis gelbgrünes Blatt, bis weit in den Herbst, blassrosa Blüten. Hybriden: u. a. *'Erntedank'*, 25 cm, lockerer Wuchs, lose, leuchtend purpurviolette Blütenrispen; *'Nymphenburg'*, 50 cm, etwas buschiger, dunkelgrüne Blätter und viele helllilarosa Blüten.

Bevorzugt gut durchlässige, kalkhaltige, etwas trockene Gartenerde; im Winter leicht abdecken.

Vermehrung durch Teilen.

Anziehungspunkt für Bienen und Schmetterlinge.

Phlox | Flammenblume

○ ↕ 20–60 ○ ◐ ❀ 6–9

Der Name ist vom griechischen Wort »phlox« (Flamme) abgeleitet. Die Pflanze könnte mit ihren leuchtenden, duftenden Blüten eine ganze Rabatte füllen. Die Gattung ist vor allem in Nordamerika heimisch.

Die Pflanze hat kriechende oder aufrechte Stängel, meist wechselständige, ungeteilte, kurz- oder ungestielte Blätter und Blütenrispen oder -dolden in wunderschönen Farben.

P.-Arendsii-Hybriden: *'Anja'*, 40–60 cm, Mai–August, aufsteigende, verzweigte Stängel mit purpurroten Blüten; *'Hilda'*, weiß und blasslila, rosa Herz; *'Suzanne'*, weiß, rotes Herz.

P. divaricata, 30–40 cm, Mai–Juni, kriechender Wuchs, ovales Blatt, lila- bis lavendelblaue Blütendolden; *'Blue Dreams'*, blauer Blütenstand; *'Dirigo Ice'*, weiß; *P. paniculata*, 90–180 cm, Juli–Sept., beinahe stiellose, länglich-ovale Blätter und weiße bis rosa Blütenrispen; viele Hybriden, bei denen Höhe, Farbe und Blütenstand verschieden sind.

P. stolonifera, 20–30 cm, April–Mai, kriechender, teppichbildender Wuchs, Rosetten aus gestielten, ovalen bis spateligen Blättchen, aufsteigende Blütenstängel mit roten bis violettroten Blüten; *'Blue Ridge'*, violettblaue Blüten; *'Irridescens'*, lavendelblau.

Braucht gute, lockere, nährstoffreiche Gartenerde, die feucht, aber nicht zu nass ist; im Frühjahr düngen. Anfällig für Mehltau. Zur Verwendung als Schnittblume müssen einige Blüten offen sein. Vermehrung durch Teilen, Kopfstecklinge und Wurzelschnittlinge.

Potentilla | Fingerkraut

○ ↕ 5–60 ○ ◐ ✿ 5–9 ✻

Die Blüten der Potentilla ähneln etwas der Helianthemum. Hier werden die Stauden besprochen. Das Fingerkraut ist eine zarte Pflanze, die sowohl als kleinerer Tuff wie auch als flächige Pflanzung in Betrachtung kommt. Je nach Art passt es zu feingliedrigen Stauden wie Helianttiemum, Veronica incana, Linum, Salvia u.a. Sehr populär ist vor allem die *P. atrosanguinea.* Sie wird 40–60 cm hoch und hat scharlachrot leuchtende Blüten. Vor allem die Art *'Gibson's Scarlet'* mit zinnoberroten Blüten ist besonders schön. *P. nepalensis* blüht von Juni bis September mit kirsch- und karminroten Blüten. Vor allem von dieser Art sind viele Züchtungen bekannt, wie z. B. *'Master Floris'*, deren rote Blüten einen hellgelben Rand haben, und *'Miss Wilmott'*, mit glänzenden, hellrosa Blüten, wird 50 cm hoch. *'Yellow Queen'* ist eine Hybride von zweifelhafter Abstammung, Höhe 50 cm, sie blüht im Juni bis August sehr reich mit lebhaften gelben Blüten. Potentilla wächst in jeder Gartenerde, vor allem, wenn sie etwas kalkhaltig ist.

Vermehrung durch Teilen, auch durch Aussaat im März unter Glas. Am besten in voller Sonne.

Prunella | Braunelle

100–500 6–9

Die niedrige und recht anspruchslose Staude fühlt sich in kalkhaltigem, trockenem und sogar sehr steinigem Boden wohl. Prunella ist besonders für den Steingarten geeignet, wird aber auch als idealer Bodendecker geschätzt. Darüber hinaus sind die purpurroten bis violett gefärbten Blütenähren auch noch gute Schnittblumen. Die Braunelle hat kriechende Wurzelstöcke. Aus diesem Grund geht die Vermehrung ganz leicht durch Reißen oder aus Bodensprösslingen. Pflanzabstand ungefähr 20 cm.

P. grandiflora blüht im Juni–September als Bienenweidepflanze in großen Teilen Europas. Sehr reiche violette Blüten. Die Sorte *'Alba'* ist weiß, *'Rosea'*, karminrosa. *P. hastifolia* ist eine reichblühende Pflanze mit hell purpurroten Blüten. Die Gartenformen *'Loveliness'* (mauve-blau) und *'Rosea'* werden von manchen zu der Art *P. grandiflora*, von manchen auch zu *P. X webbiana* oder *P. 'Webbiana'* gerechnet. Wahrscheinlich ist jedoch die Art *P. X webbiana* eine Kreuzung von *P. grandiflora* und *P. hastifolia*. Prunella verträgt sich gut mit Santolina, Oenothera, Anthemis u.a.

Pteridium | Adlerfarn

[↕] 60–300 [◐] [!]

Die Gattung Pteridium umfasst nur eine Art, *P. aquilinum*, die überall auf der Erde vorkommt, gleichgültig ob es sich um gemäßigte, tropische oder subtropische Regionen handelt. Dort findet man sie sowohl in Wäldern als auch im offenen Gelände mit saurem, sandigem und lehmigem, nährstoffarmem Boden. Schneidet man den Stiel quer durch, wird eine doppeladlerähnliche Figur sichtbar, der die Pflanze ihren Namen verdankt. Der Adlerfarn ist für Tiere giftig und wird daher beispielsweise auch von Kaninchen verschmäht. Aus gärtnerischer Sicht handelt es sich um einen robusten, gut wachsenden Farn, der als Bodendecker für Parks und Waldlandschaften mit nährstoffarmen Böden verwendet werden kann. Er bevorzugt halbschattige Plätze mit feuchter oder auch etwas trockenerer, kalkarmer Erde, z. B. eine Mischung aus Lehm, scharfem Sand und Lauberde oder Torf. Die Vermehrung erfolgt durch Teilung der Rhizome (im Frühjahr) oder durch Aussaat der Sporen.

P. aquilinum (Adlerfarn) hat dicke, schwarze, lange, behaarte, unterirdisch kriechende Rhizome, denen in unregelmäßigen Abständen die kräftigen, bräunlich-grünen, 30–90 cm langen Stiele entspringen. An diesen sitzen die anfangs grauweiß behaarten Wedel, die später lederartig, dreieckig, doppelt oder dreifach gefiedert sind und normalerweise 30–60 cm lang werden, bei guten Bedingungen sogar eine Länge von bis zu 3 m erreichen können. Sie haben lange, stumpfe oder spitze Fiedern; die Sori sitzen in schmalen Reihen entlang und unter den umgebogenen Rändern der Fiederblätter. Daneben gibt es auch Sorten mit gekrausten oder kammartigen Wedeln. Im Herbst verfärben sich die Wedel goldgelb, und sterben bald darauf ab, um im nächsten Frühjahr wieder zu erscheinen.

Pulmonaria | Lungenkraut

20–40 3–5

Der Name ist vom lateinischen Wort »pulmo« (Lunge) abgeleitet. Diese in Europa und Asien heimische Pflanze wurde früher auch als Heilmittel bei Lungenkrankheiten verwendet. Sie hat kriechende Wurzelstöcke, rauhaarige, büschelbildende, schöne, grundständige Blätter, die langgestielt, breit-eiförmig und spitz zulaufend sind, aufsteigende, beblätterte Blütenstängel mit trichterförmigen, von rot bis blau verblühenden Blüten; die Blätter sind mitunter weiß gefleckt.

P. angustifolia, 20–30 cm, nicht gefleckte, länglich-lanzettliche grundständige Blätter, ungestielte Stengelblätter, Blüten verblühen von violettrot zu einem intensiven Blau, *P. longifolia*, April–Mai, gefleckt, schmales Blatt, Blüten von Violettrot zu Violettblau; *P. officinalis*, 30 cm, März–April, gefleckt, hellgrünes Blatt, Blüten von Rosa bis Violettblau; *P. rubra*, 30–40 cm, März–Mai, ungefleckt, breites Blatt, nur rote Blüten; *P. saccharata*, 25 cm, April–Mai, buntblättrig, Blüten von Rotviolett bis Violett.

Guter Bodendecker; verlangt humosen, frischen Boden; die Pflanze eventuell alle drei Jahre herausnehmen, teilen und wieder auspflanzen, um einen kompakteren Wuchs zu erreichen. Vermehrung durch Teilen (Frühjahr oder Herbst) und Selbstaussaat.

Rosa | Rose

30–200 5–10

Rosa ist in den gemäßigten Zonen der nördlichen Hemisphäre heimisch. Sie ist ein sehr beliebter Gartenschmuck und wird auf vielerlei Arten kultiviert. Durch Kreuzung und Selektion entstand eine große Vielfalt von klimmenden Rosen, die an Pergolen, Mauern und Zäunen gezogen werden können.

Dauerblühende Kletterrosen waren ursprünglich hohe Sträucher mit sehr langen Trieben, gewöhnlich zusammengesetzten Blättern und herrlichen einfachen oder gefüllten, oft duftenden Blüten, die in der Regel während der gesamten Saison einzeln oder in Büscheln erscheinen. Diese Sträucher werden gern an Pfosten, Mauern oder Rosenlauben gezogen, wo sie eine üppige Blütenpracht entfalten.

Jährlich im Frühling wird ein Rückschnitt vorgenommen. Haupttriebe werden möglichst waagerecht aufgebunden. Nach zwei bis drei Jahren Seitentriebe bis beinahe zum Haupttrieb einkürzen, was die Pflanze zur Bildung neuer Blütentriebe anregt.

Gelegentlich lässt man junge Sprosse auch als Ersatz für ältere wachsen, Regelmäßiges Entfernen verblühter Blüten begünstigt die Bildung neuer Blüten.

Einmalblühende Kletterrosen blühen am zwei- und mehrjährigen Holz, daher werden Neutriebe nicht zurückgeschnitten. Mit ihren langen, weichen Sprossen eignen sie sich für Pergolen und Bögen. Die Haupttriebe sollten ab Beginn der Erziehung zusammengebunden werden. Die Blütentriebe werden im folgenden Frühjahr zurückgeschnitten, alte Haupttriebe bis zur Basis entfernt und ersetzt. Zum Binden verwendet man Schnur, Kupferdraht oder Kunststoffbänder.

Rudbeckia | Sonnenhut

50–200 ○ ◐ 6–10

Auch die Rudbeckia ist eine Pflanze, die sowohl als Staude wie als einjährige Sommerblume erhältlich ist. Die Einjährigen gehören alle zu *R. hirta*, obwohl man in den Katalogen auch den Namen *R. bicolor* findet. Es sind besonders gute Beet- und Schnittblumen. Als Beetpflanze eignet sich *R. nana 'Bambi'*, braunrot und ockerbraun, und wird 50 cm hoch. Eine kräftige Pflanze ist R. nana *'Goldflamme'*, goldgelb, niedrig (30 cm) und kräftig. Als Schnittblume verwendet man besser die langstielige *'Gloriosa Daisy'*, die 100 cm lang wird und von gelb über orange bis braun blüht. Sie hat sehr große Blüten, die in den Vasen sich gut halten. Wenn man eine frühe, reiche Blüte wünscht, sollte man die Rudbeckia zweijährig züchten. Aussaat schon im Juni, einmal pikieren und im September ins Freiland pflanzen. Im Winter gut abdecken. Man kann jedoch auch im April in kalte Kästen säen. Der Abstand zwischen den Pflanzen soll 30 cm sein. An sonniger Stelle und bei nicht zu nahrhaftem Boden stehen auch die höheren Arten kräftig und aufrecht im Beet.

Sagina | Sternmoos

2–10 6–8

Das teppichbildende Sternmoos, mit kleinen nadelförmigen Blättern und weißen Blütensternen, bietet sich in idealer Weise für die Ansiedlung zwischen Steinen auf Terrassen an, weil es nicht nur hübsch aussieht, sondern auch das oft störende Gras verdrängt. Die moosartigen Polster geben auch einen dekorativen Untergrund unter höheren Stauden und Blumenzwiebeln ab. Allzu häufiges Begehen vermeiden! Sternmoos ist vor allem gut zur Grabbepflanzung geeignet. Nur in gute Gartenerde pflanzen, Sonne oder Halbschatten. Nach einigen Jahren wird Sagina oft fleckig, dann teilen und neu pflanzen.

Die bekannteste Art ist die *S. subulata* mit dunkelgrünen Blättern und sehr kleinen sternförmigen, weißen Blüten, die im Juni–August erscheinen. Die Sorte *'Aurea'* wird selten verwendet, kann aber durch ihre grüngelben Farbeffekte eine wertvolle Ergänzung sein. Vermehrung durch Teilung.

Salvia | Salbei

40–90 5–9

Zu den bekanntesten Sommerblumen zählt die feuerrote Salvia splendens. Unentbehrlich für die öffentlichen Anlagen, ist sie für den Privatgarten weniger zu empfehlen. Warum? Ihr brennendes Rot 'erschlägt' alle anderen Farben im Garten, und es ist dringend davon abzuraten, Salvien in großer Anzahl im Garten anzusiedeln. Glücklicherweise bietet die Gattung Salbei noch andere, feinere Arten, so z. B. die zweijährige *S. horminum*, eine kleinblättrige bis 75 cm hohe Salbei, mit violettblauen Hochblättern, einer sehr aparten Blütenform und schönen Farbtönen. Sie lässt sich gut mit anderen Sommerblumen kombinieren. Noch schöner ist die *S. farinacea*, und wohl besonders die dunkelblaue Sorte *'Blauähre'*. Ab und zu eine solche Pflanze als Auflockerung und Kontrast zwischen Rosen ist wunderschön. *S. farinacea* und *S. splendens* sollten früh gesät werden, am besten im Februar in den warmen Kasten.

In Torftöpfen pikieren und gut abhärten, bevor man sie Ende Mai ins Freiland pflanzt. Die Blüte dauert sehr lange und ist sehr reich.

Saxifraga | Steinbrech

20–40 5–7

Viele Steinbrech-Arten und -Sorten werden im Handel angeboten. Sie sind primär als Steingartenpflanzen geeignet, aber auch für die Pflanzung von Mauerritzen, zwischen Steinen und als Bodendecker.

In dieser Gattung von Stauden ist eine Art als höhere Staude von besonderer Bedeutung. Die *Saxifraga umbrosa*, eine Pflanze, die schon sehr lange in Kultur ist und auch in Europa in der freien Natur vorkommt. Sie ist eine sehr kräftige Pflanze mit dunkelgrünen, lederartigen Blättern, rund und breit oval in großen breiten Rosetten. Durch kurze Ableger breitet die Pflanze sich schnellstens aus und bildet dann dichte, dunkelgrüne Polster, die auch im Winter grün bleiben. Im Juni bis Juli erscheinen die weißen Blüten in lockeren, verzweigten Rispen auf langen Stielen. Besonders schön ist die Sorte *'Elliot's Variety'* mit zierlicheren Blattrosetten und rosa Blütenrispen. Die Blütenstiele sind rot. Diese Pflanzen wachsen vor allem an schattigen Stellen in etwas feuchter Erde. Ideale Bodendecker, die man auch sehr gut als Einfassungspflanzen verwenden kann. Vermehrung durch Teilen.

Sedum | Fetthenne

20–50 5–7

Der Name Sedum stammt aus dem Lateinischen und bedeutet »sitzen« (sedere) – ein Hinweis auf den Wuchs mancher Sorten auf Felsen und Mauern. Die Pflanze ist in der nördlichen Hemisphäre heimisch und umfasst ein-, zwei- und mehrjährige Arten.

Pflanze mit niedrigem, kompaktem Wuchs, fleischige, einander überschneidende, oft behaarte und mit einer Wachsschicht bedeckte Blätter, kleine Blüten in Gruppen oder Dolden.

S. acre, Scharfer Mauerpfeffer, 15 cm, Juni–Juli, rasenbildend, immergrün, grüngelbe, wechselständige, oval-dreieckige Blättchen, hellgelbe Blüten. *S. aizoon*, 30–60 cm, Juni–Juli, laubabwerfend, hellgrüne, lanzettliche, gesägte Blättchen, gelborange Blütensträuße; *S. album*, Weißer Mauerpfeffer, 20 cm, Juni–August, winterhart, rasenbildend, kriechende Blattstängel, fleischige, an der Unterseite runde, länglich-ovale Blättchen, zahlreiche weiße Blüten; *'Murale'*, rosa blühend mit rotbraunen Stängeln und Blättern; *S. ewersii*, 20–25 cm, Juli–August, winterhart, liegende, verzweigte Stängel, fleischige, ovale, blaugrüne, am Rande etwas rosa Blätter, purpurrosa, dichte Blütentrauben; *S. floriferum*, 15 cm, buschig, immergrün, rasenbildend, dunkelgrüne, etwas gezähnte, spatelige bis lanzettliche Blätter, hellgelbe Blüten; *'Weihenstephaner Gold'*, leuchtendgelb blühend; *S. kamtschaticum*, 20–25 cm, Juni–September, winterhart, etwas schlaffe Stängel, glänzende, dunkelgrüne, verkehrt eiförmige, gezähnte Blättchen, zahlreiche, orangegelbe Blüten; *'Variegatum'*, grünes Blatt mit sahnegelbem Rand. S. spectabile, 30–50 cm, August bis September, winterhart, gerade Stängel, große, blaugraue, eirunde, gezähnte Blätter in Gruppen, unzählige rosarote, dichte Blütensträuße; *'Brilliant'*, hell- bis kräftigrote, dichte, flache Blütentrauben; *'Herbstfreude'*, orangerote Blütendolden; *S. telephium*, Große Fetthenne, 40 cm, Juli–Aug., winterhart, gerade Stängel, eirundlängliches, gezähntes Blatt, halbkugelförmige, bräunlichrote Blütensträuße.

Auch für Steingärten und Mauern geeignet; wächst auf trockenem Boden; braucht sonnige Lage. Vermehren durch Teilen oder Stecklinge.

Unter anderen *S. spectabile* ist ein Anziehungspunkt für Schmetterlinge.

Silene | Leimkraut

15–100 ○ 5–9

Von Leimkraut werden verschiedene Arten als einjährige Pflanzen kultiviert. *Silene armerla*, das Gartenleimkraut oder Morgenröschen, wird 30–50 cm hoch. Es ist eine Pflanze mit eirundem bis lanzettförmigem Blatt und hat Stängel, die oben etwas klebrig sind. Die Pflanzen riechen etwas nach Kohl.

Die Blüten sind rosa in verschiedenen Tönen und stehen in dichten Schirmen, Blütezeit ist Juni–September. *S. coeli-rosa*, das Himmelröschen (Bild), wird oft auch Agrostemma, Lychnis oder Viscaria genannt oder mit diesen verwechselt. Sie wächst bis zu 1 m; *'Schneekönig'* ist weiß und *'Azurea'* hat große, azurblaue Blüten.

Alle Arten und Sorten blühen Juni–September. Am niedrigsten bleibt *S. pendula*, die nur 15–25 cm hoch wird und liegende Stengel hat, deren Spitze aufrecht wächst. Die rosa Blüten haben nach der Blüte einen aufgeblasenen Kelch, Mai–August. *S. armerla* wird zweijährig kultiviert und blüht dann schon im Frühling. Guter Winterschutz ist notwendig. Am besten im kalten Kasten überwintern. Sät man im April ins Freiland, erzielt man einen Sommerflor ab Juli. Boden soll nicht zu arm und nass, aber kalkreich sein.

Stachys | Ziest

30–60 6–8

Die unangenehm riechende Waldbatunge (S. sylvatica) ist in den gemäßigten und subtropischen Zonen heimisch. Die schmackhaften kleinen Knollen der S. affinis sind als japanische Kartoffel bekannt.

Pflanze mit kreuzständigen, leicht faltigen, gesägten Blättern, mitunter niedrigen Blattrosetten und beblätterten Blütenähren.

S. byzantina, Wollziest oder Eselsohren, 30 bis 45 cm, Juli–August, Bodendecker mit schönen, filzigen Rosetten aus weißwollig behaarten, hellgraugrünen, oval-länglichen Blättern und lilarosa Blütenähren; *'Cotton Ball'*, kräftige Rosetten aus großen, graufilzigen Blättern und kleinen, filzigen Baumwollkugeln anstelle der Blüten; *'Silver Carpet'*, kompakte, silbergraue Rosetten, keine Blüte. *S. grandiflora*, 30–60 cm, Juli–August, horstbildende, ziemlich breite, runde, gesägte Blätter, gerade, lilarosa Blütenähren mit quirlständigen Blüten; *'Alba'*, weißblühend. Nährstoffarmer, gut durchlässiger Boden. *S. byzantina* verträgt auch trockenere Böden; die Pflanzen eventuell alle drei Jahre herausnehmen, teilen und wieder einpflanzen. Vermehren durch Teilen nach der Blüte.

Tagetes | Studentenblume, Sammetblume

20–100 5–7

Die Studentenblumen wurden 1573 aus Mexiko nach Europa gebracht. Seitdem haben sie sich zu wichtigen Beetpflanzen mit vielen Sorten entwickelt. Sehr bekannt ist Tagetes erecta, die große Studentenblume, die bis zu 1 m hoch wird, mit großen gefüllten Blüten. Für Dekorationen geeignet. Sie werden auch in verzweigten Sorten als chrysanthemumblütige Sorten, nelkenblütige Sorten, vor allem auch als Climax F1-Hybriden mit kleineren Blüten angeboten. Gelb und orange. Niedriger bleibt *T. patula*, die kleine Studentenblume. Hiervon gibt es Unmengen von hohen und niedrigen, einfach- und gefülltblühenden Sorten. Farben: orange, gelb, braunrot usw. Schließlich gibt es noch die *T. tenulfolla (signata pumila)*. Sie ist eine weniger bekannte, sehr schöne Art mit kleinen zahlreichen sternförmigen Blüten in goldgelben, zitronengelben oder orangegelben Farbtönen, Höhe bis zu 30 cm. Studentenblumen sind sehr leicht zu säen. Anfang März in warmen Kasten oder im April in kalten Kasten. Dunkel keimen! Direkt ins Freiland mit gutem Erfolg. Beinahe jeder Gartenboden ist gut genug, nicht viel Stickstoff geben.

Thelypteris | Sumpffarn

30–100

Thelypteris kommt fast überall auf der Welt in gemäßigten und subtropischen Regionen vor. Eine Reihe von Arten wie *T. limhosperma* (Berglappenfarn), *T. palustris* (Sumpffarn) und *T. phegopteris* (Buchenfarn) sind auch bei uns heimisch. Der Sumpffarn kommt hauptsächlich an Bächen und in Bruchwäldern vor, die beiden anderen in feuchten Laubwäldern.

Der Sumpffarn besitzt dünne, kriechende, oft schuppige, behaarte Rhizome und breite, normalerweise gefiederte Wedel mit tief eingeschnittenen Fiedern und runden Sori auf der Unterseite der seitlichen Blattnerven. Der Farn, der seine Wedel im Winter abwirft, bevorzugt sonnige oder halbschattige Stellen. Er benötigt feuchte bis sehr feuchte, humusreiche Erde; die Vermehrung erfolgt durch Teilung der Rhizome (im Frühjahr) oder durch Aussaat der Sporen.

T. hexagonoptera hat verzweigte, kriechende Rhizome, denen engstehende, breite, lanzettliche, gefiederte Wedel von 25–30 cm Länge entspringen. Die Fiedern sind hell- bis dunkelgrün, tief eingeschnitten und gewellt. Die Art benötigt einen geschützten Standort.

T. noveboracensis besitzt 30–60 cm lange, hellgrüne, tief eingeschnittene Wedel mit abgerundeten Fiedern. An einem Standort, der feucht genug ist, toleriert er auch Sonne.

T. limbosperma (Berglappenfarn) hat glänzende, gelblich-grüne, lanzettliche Wedel mit langen, ebenfalls lanzettlichen Fiedern, deren Unterseiten mit gelben Drüsen bedeckt sind. Die Sori sitzen an den Rändern der Blätter. Zerriebene Wedel riechen stark nach Zitrone. Der Farn bevorzugt saure, feuchte, sandige, humusreiche Erde.

T. palustris (Sumpffarn) bildet lange, dünne, schwarze Rhizome, denen in einigem Abstand lange Stiele mit leuchtend grünen, lanzettlichen, tief eingeschnittenen sterilen Wedeln entspringen. Diese sind 15–80 cm lang und tragen glatte Fiedern. Die fertilen Wedel sind länger (bis zu 100 cm) und schlanker, die Fiedern dagegen dicker. Die Sori sitzen unter den umgerollten Blatträndern der Fiedern. Der Farn eignet sich für schattige, kalkfreie Standorte z. B. Teichränder.

T. phegopteris (Buchenfarn) hat 10–45 cm lange, zerbrechliche Stiele, dreieckige, doppelt gefiederte, olivgrüne Wedel und tief eingeschnittene Fiedern. Das unterste Paar steht am weitesten von den anderen entfernt und ist nach unten gebogen. Die Art bevorzugt schattige, kalkfreie Standorte, eignet sich also beispielsweise als Unterwuchs unter Sträuchern oder kleinen Bäumen.

Thymus | Thymian

○ ↕ 100–500 ○ ❀ 6–9

Der in Europa, Asien und Afrika heimische Thymus ist ein bekanntes Küchenkraut und ein Heilmittel gegen Husten.
Duftende, kriechend oder aufsteigend wachsende Zwergsträucher, dünne Zweige, ovale, rundliche oder lineare Blättchen und rosa- oder violettrote, weiße Blüten in Scheinquirlen.
T. x citriodorus, Zitronenthymian, 10–20 cm, Juli–August, stark nach Zitronen duftend, kompakt, aufsteigende, behaarte Stängel, glänzendgrüne, kurzstielige, oval-lanzettliche Blättchen, hellrosa Blüten; *'Silver Posie'* hat zartgrüne, weißgeränderte Blättchen; *'Silver Queen'* dunkelgrüne, weißgeränderte Blättchen; *T. serpyllum*, Wilder Thymian, 5 cm, Juni–August, Kriechpflanze, schmale, ovale Blättchen, fast kugelförmige, dunkelrosa Blütenstände; *'Coccineus'*, dunkelgrüne Blättchen, starkkarminrote Blüten; *'Snowdrift'*, weiße Blüten. *T. vulgaris,* echter Thymian, 15–30 cm, Mai–Juli, stark duftend, kugelförmig, behaarte Zweige, blasslila, fast weiße Blüten; *'Compactus'*, dichter Wuchs, goldgelbe Blättchen, lilarosa Blüten.
Bodendecker, geeignet für Ränder und Steingärten; liebt sandigen, kalkarmen, gut durchlässigen Boden, nicht zu nährstoffreich; nach der Blüte zurückschneiden.

Vermehrung durch Kopfstecklinge im Frühjahr.

Vaccinium | Heidelbeere

○ ↕ 20–200 ◐ ❁ 5–8

Die Gattung Vaccinium umfasst etwa 17 Arten, die alle durch ihren Fruchtschmuck auffallen. Verschiedene Arten bringen essbare Früchte, von denen die *V. myrtillus*, die bekannte Heidelbeere, und die *V. vitis-idaea*, die Preiselbeere, wegen ihrer köstlichen Beeren besonders beliebt sind. Die Preiselbeere ist ein immergrüner Strauch mit kleinen, dunkelgrünen Blättern, der sich als etwa 30 cm hohe Bodendecke gut eignet. Die weißen Blüten erscheinen von Mai bis Juni, und ab August kann man die roten Beeren ernten. *V. corymbosum*, die Amerikanische *'Blueberry'*, ist mit mehreren früchtetragenden Sorten im Handel. Die Pflanzen wachsen bis 2 m hoch, so dass man tatsächlich 'beim Heidelbeerpflücken von der Leiter fallen kann'. Bekannteste Sorten sind: *'Bluecrop', 'Earlyblue'* und *'Jersey'*. Alle Vaccinium-Arten lieben einen feuchten, halbschattigen Standort. Sie stehen am besten in Moorerde, und wo diese nicht vorhanden ist, in einer Schicht von 10–15 cm Torfmull und saurer Humuserde. Vermehrung durch Stecklinge oder durch Aussaat.

Waldsteinia | Waldsteinie

○ ↕ 10–25 ◐ ● ۞ 4–6

Waldsteinia ist auf der nördlichen Hemisphäre heimisch. Die Pflanze erinnert in der Form an eine Erdbeere, trägt jedoch keine essbaren, sondern trockene, behaarte Früchte. Bodendeckende Pflanze, Rosetten aus langstieligen, zusammengesetzten oder gelappten Blättern, goldgelbe Blüten mit fünf breiten, runden Kronblättern und im Herzen zahlreiche Staubgefäße.

W. ternata, rasenbildend, immergrün, glänzend dunkelgrüne, dreiteilig fiederschnittige, gekerbte Blätter, gelbe, zwei- bis dreiblütige Trauben; kann durch stark wachsende Ausläufer in kurzer Zeit einen bodendeckenden Teppich bilden.

Wächst in jeder guten, humosen Gartenerde; Ausläufer eventuell wegnehmen, damit die Pflanze nicht wuchert. Vermehrung durch Teilen.

Impressum

Copyright
Genehmigte Sonderausgabe für Universo
Universo ist ein Imprint des
Karl Müller Verlages – Silag Media AG,
Liebigstr. 1, 40764 Langenfeld